D1983443

Die
Meditations-
Bücher

Bilder von Peter A. Thomas

Licht ist Hoffnung

Herder Freiburg · Basel · Wien

Wir verlangen,
das Leben müsse einen Sinn haben –
aber es hat nur ganz genau so viel Sinn,
als wir selber
ihm zu geben imstande sind.

Damit das Mögliche entsteht,
muß immer wieder
das Unmögliche versucht werden.

Glück gibt es nur,
wenn wir vom Morgen nichts verlangen
und vom Heute dankbar annehmen,
was es bringt.

Die Verzweiflung schickt uns Gott nicht,
um uns zu töten,
er schickt sie uns,
um neues Leben in uns zu wecken.

Man hat nur Angst,
wenn man mit sich selber
nicht einig ist.

Was lange leben will, muß dienen.
Was aber herrschen will,
das lebt nicht lange.

Wo nie gezweifelt wird,
da wird auch nicht richtig geglaubt.

Je näher man beieinander sitzt,
desto schwerer lernt man sich kennen.

Liebe muß nicht bitten,
auch nicht fordern.
Liebe muß die Kraft haben,
in sich selbst zur Gewißheit zu kommen.

Es gibt keine Wirklichkeit als die,
die wir in uns haben.

Meine Aufgabe ist es nicht,
andern das objektiv Beste zu geben,
sondern das Meine
so rein und aufrichtig wie möglich.

Man vergißt
Urteil und Kritik über andre,
wenn man sich selbst
voll von Zweifeln weiß.

Niemand träumt,
was ihn nicht angeht.

Wer höher steigt
und größere Aufgaben bekommt,
wird nicht freier,
er wird nur immer verantwortlicher.

Das Leben ist stärker als der Tod,
und der Glauben
ist mächtiger als der Zweifel.

Schicksal kann man nur
durch Begreifen überwinden.

Das Böse entsteht immer da,
wo die Liebe nicht ausreicht.

Passiv wartend im Feuer zu stehen,
ist viel schwerer als anzugreifen.

Einsamkeit ist der Weg,
auf dem das Schicksal den Menschen
zu sich selber führen will.

Erst wo wir nichts wollen,
erst wo unser Schauen
reine Betrachtung wird,
tut sich die Seele der Dinge auf:
die Schönheit.

Eine Produktion von Peter A. Thomas
Die Texte von Hermann Hesse stammen – in der Reihenfolge der Wiedergabe – aus diesen Werken: Briefe (Zweite, erweiterte Ausgabe), Rezensionen aus dem Nachlaß, Unveröffentlichte Briefe, Das Glasperlenspiel, Demian, Die Morgenlandfahrt, Gedenkblätter, Rezensionen aus dem Nachlaß, Demian, Demian, Briefe (Zweite, erweiterte Ausgabe), Unveröffentlichte Briefe, Demian, Das Glasperlenspiel, Unterm Rad, Prosa aus dem Nachlaß, Unveröffentlichte Briefe, Rezensionen aus dem Nachlaß, Krieg und Frieden, Betrachtungen.
Der Abdruck erfolgt mit freundlicher Genehmigung des Suhrkamp Verlags, Frankfurt am Main.

Alle Fotos wurden mit Olympus-Cameras OM-2 und OM-4 und Objektiven des OM-Systems Zuiko auf Filmmaterial Agfachrome 50 RS Professional aufgenommen.

Copyright © 1987 für den Bildteil:
Verlag Herder Freiburg im Breisgau
für die Texte von Hermann Hesse:
© Suhrkamp Verlag, Frankfurt am Main 1952.
Alle Rechte vorbehalten
ISBN 3-451-20775-3

In gleicher Ausstattung sind erhältlich:

Worte der Bergpredigt: Überall ist Liebe
Joseph von Eichendorff: Trost der Geborgenheit
Charles de Foucauld: Allen Menschen Bruder sein
Franz von Assisi: Freude der Schöpfung
J. W. von Goethe: Schönheit wächst im Herzen
Worte des Johannes: Liebe ist ein Geschenk
Eduard Mörike: Glück der Zufriedenheit
Rainer Maria Rilke: Geheimnis der Sehnsucht
A. de Saint-Exupéry: Das Fest der Zuneigung